Fotonachweis:
Archiv Dettmar: S. 11, 12, 14, 17 oben, 26
Archiv Germandi: S. 18, 19
HNA-Archiv: S. 6 oben, 42 (Paul), 43, 45
Jacob: S. 29
privat: S. 3, 10, 17 unten
Rosenthal: S. 20
Stadtarchiv Kassel: S. 4, 8 oben, 21, 22, 23, 24, 28, 30, 31, 33, 34, 35, 36, 38, 39 unten, 41, 44, 46
Stadtmuseum: S. 5 oben, 5 unten (Fieseler), 6, 8 unten, 39 oben

2. Auflage 2003

Satz und Layout: Typographische Dienste Ulrich Weiss, Borken (Hessen)
Druck: Druck- u. Verlagshaus Thiele & Schwarz, Kassel
Buchbinderische Verarbeitung: Buchbinderei Büge, Celle

34281 Gudensberg-Gleichen, Im Wiesental 1
Telefon (0 56 03) 9 30 50
www.wartberg-verlag.de
ISBN 3-8313-1391-1

Ein Rückblick auf Krieg und Zerstörung

DER 60. JAHRESTAG DER KASSELER BOMBENNACHT

Es gibt ein Datum in der Kasseler Stadtgeschichte, das sich brutal in das Gedächtnis der Menschen eingegraben hat. Am 22. Oktober 1943 gingen große Teile der Stadt im Feuersturm nach den verheerenden Bombenangriffen unter. 10 000 Menschen kamen dabei ums Leben. Das war der für Kassel folgenschwerste Angriff im Luftkrieg gegen Nazi-Deutschland, ein trauriger Höhepunkt.
Doch es gab auch vor und nach diesem Datum Luftangriffe auf die Stadt. Viele ältere Menschen erinnern sich noch daran, haben heute noch ein ungutes Gefühl, wenn sie ein Flugzeug hören oder Augenzeuge eines Feuerwerks werden. Die HNA will mit diesem Buch dazu beitragen, dass dieser Teil der Stadtgeschichte nicht in Vergessenheit gerät.
Mit dem 75-jährigen Werner Dettmar haben wir einen ausgewiesenen Fachmann für die Mitarbeit am Buch gewonnen, der schon Bücher über die Zerstörung Kassels und zusammen mit Helmut Brier über die Veränderungen des Stadtbildes seit 1928 veröffentlicht hat. Als Historiker ist der ehemalige stellvertretende Leiter des Kulturamtes weit über die Grenzen Kassels hinaus bekannt. Dettmar hat englische und amerikanische Militärarchive durchforstet und so die Geschichte des Luftkriegs aufgearbeitet. Für die hoch gelobten Publikationen über die Zerstörung Kassels wurde Dettmar mit der Stadtmedaille und dem Paul-Dierichs-Preis ausgezeichnet. Die von ihm konzipierte Ausstellung zum 40. Jahrestag der Zerstörung sahen 100 000 Menschen.

Werner Dettmar

Werner Dettmar hat die Bombenangriffe im Oktober '43 als 16-jähriger Flakhelfer miterlebt. Sie haben sein ganzes Leben geprägt. Den Höllenlärm wird er nie vergessen.
Das Brummen eines viermotorigen Flugzeuges könne man sich wohl noch vorstellen, sagt er. Vor 60 Jahren war das nur der Anfang. 300 dieser Flugzeuge, deutsche Nachtjäger, die Flak mit Dauerfeuer, explodierende Bomben, Luftminen und dazu noch das Prasseln und Lodern des Feuers: ein Inferno. „Jahre nach dem Krieg hatte ich noch Albträume", sagt Dettmar. Er wollte das Erlebte aufarbeiten, es so verarbeiten. Das hat er mit großem Engagement getan.
Auch sechs Jahrzehnte nach der großen Zerstörung sind noch längst nicht alle Wunden verheilt, die Diskussion über Sinn und Zweck des Luftkrieges noch nicht verstummt.
Im vorliegenden Buch wird nun die Entwicklung Kassels als Rüstungsstandort vom ersten Bombenangriff auf den Flughafen Waldau über den 22. Oktober 1943 bis hin zum Kriegsende beleuchtet.

Thomas Siemon

Lokomotiven für die Front

ALS RÜSTUNGSSTANDORT WAR KASSEL EIN VORRANGIGES ZIEL FÜR BOMBENANGRIFFE

Von Thomas Siemon

Streng geheim waren die Daten über das Zielgebiet Kassel. Nur bestimmt für das Bomberkommando der britischen Luftwaffe. Das Informationsblatt durften die Piloten der Royal Air Force nicht mit an Bord nehmen. Es sollte auf keinen Fall in feindliche Hände geraten, falls der Bomber abgeschossen würde.
Lange nach Kriegsende hat der Kasseler Historiker Werner Dettmar in einem Londoner Archiv eines der Informationsblätter kopiert. Strategisch kühl wird das Angriffsziel analysiert. Die Briten wussten offenbar ganz genau Bescheid. Sie stuften Kassel als ein vorrangiges Ziel im Luftkrieg ein. Ganz oben auf ihrer Liste standen die Henschel-Werke mit den Standorten Holländischer Platz (heute Universität), Rothenditmold, Mittelfeld und der Flugzeugmotorenbau in Altenbauna. Henschel sei der größte Lokomotivhersteller Europas, produziert Panzer, Militärfahrzeuge, schwere Lastwagen und Flugmotoren, so die Zusammenfassung der britischen Informationen.
Seit Kriegsbeginn im September 1939 wurde die Produktion enorm gesteigert. Die Zahl der Beschäftigen verdoppelte sich bis 1943 nahezu von 11 960 auf 22 150. Bis zu 13 000 ausländische Zwangsarbeiter schufteten bei Henschel für die deutsche Rüstungsindustrie.
Im Blickpunkt der militärischen Aufklärung befanden sich auch der Flugzeugbau von Fieseler mit den Standorten in Bettenhausen, Waldau und Lohfelden sowie die Spinnfaser AG und Junkers in Bettenhausen.

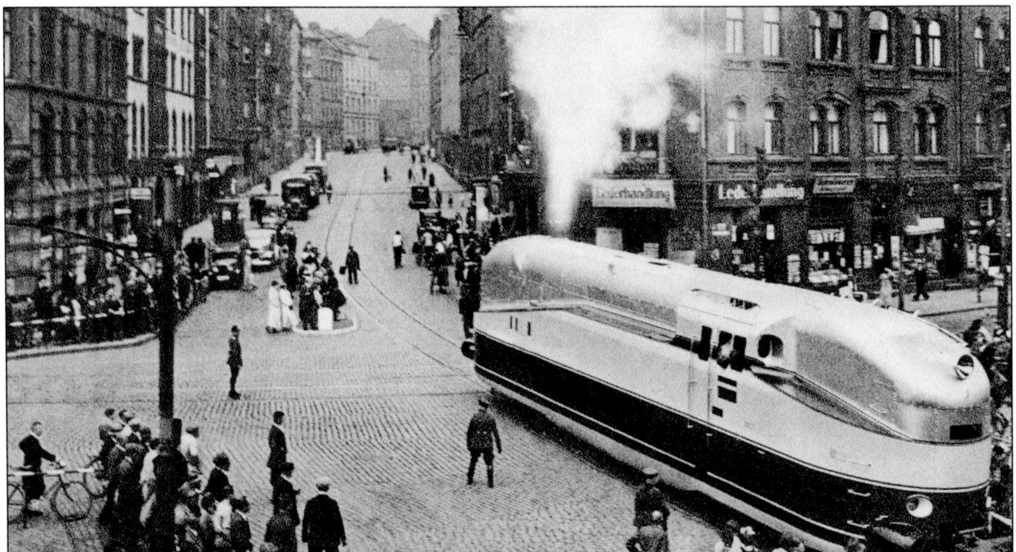

Mitten durch die Stadt: Die erste Stromlinienlok rollt über den Holländischen Platz zur Wolfhager Straße Richtung Unterstadtbahnhof. Hier kam die gesamte Lokomotivproduktion von Henschel vorbei.

Kriegslokomotiven auf der Fahrt zum Osteinsatz: Henschel war Europas größter Hersteller im Lokbau.

Weitere strategische Ziele für Bombenangriffe waren die Waggonbaufabrik Credé in Niederzwehren, der Flughafen Waldau, Wegmann, die Gaswerke in Bettenhausen, der Haupt- und der Güterbahnhof und das Ausbesserungswerk der Bahn.

ERST LONDON UND COVENTRY, DANN KASSEL

Das Leid und die Zerstörung in Kassel steht im Mittelpunkt dieses Buches zum 60. Jahrestag der Bombennacht vom 22. Oktober 1943. Britische Flieger haben damals die Stadt in Schutt und Asche gelegt. Auslöser dafür war der deutsche Angriffskrieg mit Luftangriffen auf die englischen Städte Coventry (550 Tote) und London (40 000 Tote) sowie der Bombardierung von Warschau, Rotterdam, Belgrad und Stalingrad (zusammen über 60 000 Tote).

Die Zeichnung mit den Flugzeugen über London stammt aus der Kasseler Fieseler-Zeitschrift vom September 1940 und war im Werk ausgehängt. Darunter stand folgender Appell an die Beschäftigten: „Die Maßarbeit unserer Flieger setzt deine Maßarbeit voraus. Denk bei deiner Arbeit daran – arbeite genau!“

Selbst der Fieseler-Storch zieht in den Kampf

Die Wehrmacht brauchte ein Flugzeug, das auf einem Acker starten oder landen konnte. Hubschrauber gab es noch nicht. Diese Lücke schloss der Fieseler-Storch, der in Kassel gebaut wurde. Er kam als Aufklärungs- und Kurierflugzeug sowie im Sanitätsbereich zum Einsatz. Zwei Tragen für Verletzte passten in den Storch. Zeitzeugen erinnern sich daran, dass er auf dem Friedrichsplatz startete und landete. Bei Fieseler wurde auch die V 1 (Propagandaname für die Vergeltungswaffe 1) entwickelt, aber nicht gebaut.

Bekanntester Panzer aus der Henschel-Produktion war der „Tiger". In den Werken wurden auch dreiachsige Lkw für die Wehrmacht hergestellt. Wegmann baute Türme mit Kanonen für die Panzer. Enorm wichtig für den Nachschub waren die Lokomotiven. Das galt für alle Fronten, aber insbesondere für die weiten Wege in Russland.

Wo heute die Hallen des VW-Werks stehen, wurden in Altenbauna Flugzeugmotoren hergestellt.

Truppenbewegung mit Storch: Das bei Fieseler in Kassel produzierte Flugzeug wurde für die Aufklärung und zum Transport von Verletzten eingesetzt.

Trümmerfeld: Zerstörte Waggons und Gleisanlagen im Bereich des Rangierbahnhofs.

Aufräumungsarbeiten bei Henschel: Das bislang unveröffentlichte Foto stammt aus dem Nachlass eines Henschel-Direktors und entstand am 9. Oktober 1943.

GOEBBELS: „FÜR DEN SIEG GEOPFERT“

Aus der Rede von Propagandaminister Joseph Goebbels in der Kasseler Stadthalle am 5. November 1943:

„Und ich glaube, wenn einmal die wenigen in Deutschland noch vorhandenen Glocken den Sieg einläuten werden, dann werden auch Sie beglückt durch die Trümmerfelder dieser Stadt marschieren. (...) Sie werden diese Ruinen als die Unterpfänder und die Garanten des Sieges betrachten. Sie werden dann vor jedem Haus still stehen und werden sagen: Auch dieses Haus haben wir für den Sieg geopfert. Jedenfalls wird man von dieser Stadt nicht sagen können, dass ihr der Sieg unverdient in den Schoß gefallen wäre. Und ich glaube, es ist das schönste Gefühl für jede Stadt, für jede Provinz, für jeden Soldaten und für jeden Arbeiter und für jeden Kämpfer des deutschen Volkes, dass er in der Stunde des Sieges von sich sagen kann: Ich bin auch dabei gewesen.“

Produktion trotz Zerstörung

FIESELER VERLAGERTE DIE FERTIGUNG AUF 65 ORTE – HENSCHEL PRODUZIERTE IM STOLLEN WEITER

Von Thomas Siemon

So schlimm es nach der Bombardierung des Rangierbahnhofs auch aussah, innerhalb von wenigen Tagen waren die zerstörten Gleise wieder repariert. Je heftiger der Krieg wütete, desto gnadenloser wurde zur Arbeit angetrieben. Trotz der verheerenden Angriffe auf Kassel erreichten die Produktionszahlen von Panzern, Loks und Flugzeugen 1944 ihren Höhepunkt.

Wie war das möglich? Auf der einen Seite durch den Einsatz von Zwangsarbeitern. Aber auch durch die Verlagerung der Produktion aus Kassel heraus. So gelang es zum Beispiel einer Firma wie Fieseler, sich weniger angreifbar zu machen. Dazu gab es klare Anweisungen aus dem Reichsluftfahrtministerium. Unterlagen von Fieseler belegen, dass die Fertigung, Entwicklung und Verwaltung ab Herbst 1943 auf 65 Ortschaften verteilt wurden. Einer der größten neuen Standorte war der Fliegerhorst in Rothwesten. Nach der Endmontage wurden dort die Maschinen eingeflogen und getestet. Eschwege, Witzenhausen, Hessisch Lichtenau, die Glasfabrik in Immenhausen, Bründersen und Frankenberg gehörten zu den Fieseler-Standorten in der näheren Umgebung.

Bei Henschel hat man ab 1944 zum Schutz gegen Luftangriffe einen Teil der Fertigung in einem Stollen untergebracht. Der verband die Werke in Rothenditmold und Mittelfeld miteinander. Ein Konstruktionsbüro wurde in Felsberg eingerichtet. Rund 30 Zulieferfirmen unterstützten die Produktion der Hammerschmiede. Die Bomben konnten bis 1944 die enorme Effektivität nur unwesentlich bremsen. Bis zum letzten Kriegstag wurde weiter produziert. Als die Amerikaner schon von Westen nach Kassel einrückten, rollte in Rothenditmold noch eine fertige Lok aus der Halle.

Genaue Zahlen liegen über die Panzerproduktion von Henschel vor. Dabei handelte es sich um Panzerkraftwagen von 15 und 22 Tonnen Gewicht, den „Panther“ (54 Tonnen), „Tiger I“ (58 Tonnen) und „Tiger II“ (70 Tonnen):

- 1939: 210 Stück (4200 Tonnen)
- 1940: 164 Stück (3608)
- 1941: 334 Stück (7348)
- 1942: 597 Stück (15 942)
- 1943: 850 Stück (46 736)
- 1944: 1000 Stück (62 524)
- 1945: 100 Stück (7000)

Bombenangriffe rund um die Uhr

DIE STRATEGIE DER ALLIIERTEN IM LUFTKRIEG

Von Werner Dettmar

Entgegen den Erwartungen kam der Luftkrieg zu Beginn des Zweiten Weltkrieges nur zögernd in Gang. Mit Beginn des Frankreichfeldzuges am 10. Mai 1940 begann die britische Luftwaffe als Vergeltung für die deutschen Bombenangriffe auf England, deutsche Städte anzugreifen. Diese anfänglichen Tagesangriffe waren jedoch so verlustreich, dass sich die Royal Air Force (RAF) auf Nachtbombardements umstellen musste. Da das Bomberkommando jedoch mit der damaligen Technik nicht in der Lage war, bei Nacht Präzisionsangriffe gegen so kleine Ziele wie Rüstungsfabriken oder Verkehrsanlagen zu fliegen, entschied man, Wohngebiete der deutschen Industriearbeiter flächendeckend anzugreifen, um die Menschen von den Produktionsstätten zu vertreiben. Obwohl später die britischen Bomber in der Lage waren, exakte Bombardierungen kleinerer Ziele vorzunehmen, wurde bis zum Kriegsende die Strategie des Flächenbombardements mit großer Beharrlichkeit fortgeführt.

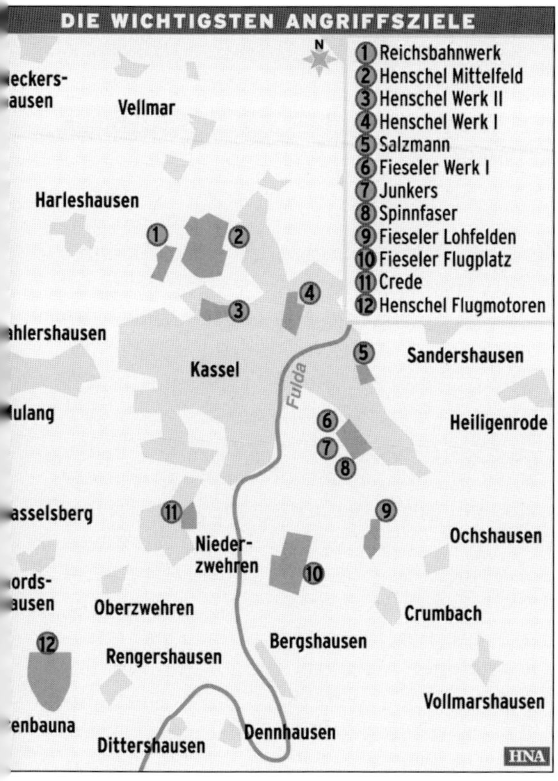

Eine neue Phase des Luftkrieges begann 1942, als die Amerikaner mit ihrer United States Army Air Force (USAAF) auf dem europäischen Kriegsschauplatz erschienen und ab Januar 1943 Ziele in Deutschland angriffen. Die Amerikaner nahmen den Bombenkrieg mit einer anderen Konzeption auf als ihre englischen Verbündeten. Sie wollten sich trotz schlechter Erfahrungen nicht vom Präzisionsbombardement gegen kriegswichtige Ziele abbringen lassen. Um präzise zu treffen, mussten sie allerdings bei Tageslicht angreifen.

Ein Übermaß an Feuerkraft: Der Himmel voller Bomber. Das Foto entstand bei einem amerikanischen Angriff auf Kassel. Das genaue Datum lässt sich nicht mehr ermitteln.

Beiden Luftwaffen, RAF und USAAF, wurden ihre Aufgabe neu umrissen. Der Auftrag lautete: „Die Bomberverbände führen eine gemeinsame Luftoffensive zur fortschreitenden Zerstörung und Desorganisation des deutschen militärischen und industriellen Systems und zur Unterminierung der Moral des deutschen Volkes durch. (...) Die Widerstandskraft soll so weit geschwächt werden, dass eine Invasion des Kontinents möglich wird."
Die Amerikaner griffen mit massierten Bomberverbänden (teilweise über 1000 Maschinen) bei Tage Produktionsstätten, Werften, Hafenanlagen, Verkehrswege und Hydrierwerke an. Und da die RAF weiterhin nächtliche Flächenangriffe durchführte, wurde Deutschland von einem „Round the Clock Bombing" (Bombardierung rund um die Uhr) überzogen. Gegen Ende des Krieges rückten nun auch die Mittelstädte ins Visier der britischen Bomberoffensive, die in dieser Phase oft mit einem Übermaß an Feuerkraft bei militärisch fragwürdigen Zielen zuschlug. Trauriger Höhepunkt dieser Kampagne war die Zerstörung Dresdens. 1945 zeigten alliierte Untersuchungen, dass die Wirkung der Bomberoffensive geringer war als angenommen. So erreichte im Laufe des Jahres 1944 die Rüstungsindustrie ihre höchsten Produktionszahlen.

„Wir waren Kindersoldaten“

MIT 16 JAHREN WURDE HANNO WARLICH ALS LUFTWAFFENHELFER EINGEZOGEN

Von Thomas Siemon

Die Mutter wollte es zunächst nicht glauben, was ihr da im Sommer 1943 beim Elternabend der Hermann-Göring-Schule mitgeteilt wurde. Gemeinsam mit den Klassenkameraden sollte ihr Sohn, der Hitlerjunge Hanno Warlich, zum Militärdienst eingezogen werden. „Das sind doch noch Kinder“, so die Reaktion der bestürzten Eltern. Doch es half nichts. Die 16-Jährigen mussten als Flakhelfer ran. Und im Gegensatz zu ihren Eltern fanden sie das zunächst richtig spannend und toll. „Wir waren begeistert“, erinnert sich der 76-jährige Hanno Warlich. Für ihn und die anderen Jungs sei das ein großes Abenteuer gewesen. Fliegeralarm statt Klassenarbeit, ran ans Geschütz statt Latein. „Wir waren stolz, dass wir unsere Heimatstadt verteidigen sollten“, so Hanno Warlich.

Erst allmählich wurde den jungen Flakhelfern klar, dass Krieg kein Spiel ist. Viermal raus pro Nacht, wieder ins Bett, schlafen, Schule, erneuter Alarm. Hanno

Üben für den Ernstfall: Kasseler Luftwaffenhelfer beim Exerzieren.

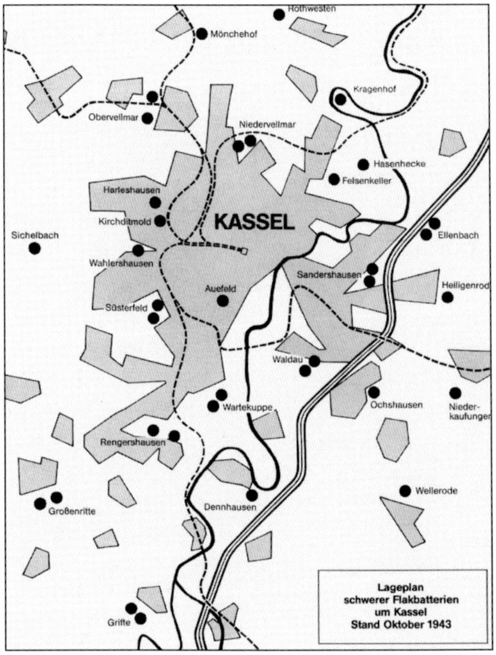

Warlich erinnert sich an einen Zwischenfall im Winter. Da hatte er sich gegen die klirrende Kälte Ohrenschützer aufgesetzt. Streng verboten war das, denn so konnte man die feindlichen Flugzeuge schlechter hören. „Noch einmal, und du kommst vors Kriegsgericht", so die Drohung seines Vorgesetzten.

In Obervellmar lag die schwere Flakbatterie, der die Jungs der Hermann-Göring-Schule (heute Goethe-Gymnasium) zugeteilt waren. Wie viele Bomber sie getroffen haben, weiß Hanno Warlich nicht. Bei dem Großangriff am 22. Oktober 1943 traf die Flak jedenfalls kein einziges Flugzeug. Verluste erlitten die britischen Bomberverbände lediglich durch deutsche Nachtjäger.

Trotzdem wurde von den Flakbatterien geschossen, was das Zeug hielt. „Es hat geknallt und das war in erster Linie gut für das Sicherheitsgefühl", so Hanno Warlich. Große Gedanken hat er sich damals nicht gemacht. „Wir waren Kindersoldaten", sagt er heute. Wirklich Angst habe er als Flakhelfer nur in einer brenzligen Situation gehabt. Da setzte ein angeschossener britischer Bomber zur Notlandung nur wenige hundert Me-

Kindersoldaten: Hanno Warlich, Hans Gimbel, Berthold Aßmann (etwas verdeckt, 1988 gestorben), Herbert Oppermann (im Krieg gefallen), Heinz Dittmar, Hermann Holl, Helmut Volland, Rainer Rebstein, Karl-Heinz Köhler (von links).

ter von der Stellung in Obervellmar auf einem Acker an. Ein ohrenbetäubender Lärm sei das gewesen, bedrohlich nah und gefährlich. Die Flakhelfer mussten die Verletzten und Toten aus dem Flugzeugwrack holen. Junge Männer wie sie selbst, nur zwei oder drei Jahre älter.
Von den zehn Flakhelfern, die in Obervellmar im Einsatz waren, ist nur einer im Krieg gestorben.
Andere hat es schlimmer getroffen. Am 3. Oktober 1943 schlug eine schwere Sprengbombe der Royal Air Force in einer Flakstellung in Sandershausen ein und tötete 48 Soldaten. 23 von ihnen waren Schüler aus Eschwege, die hier als Flakhelfer eingesetzt wurden.
„Wir haben Glück gehabt, aber es war eine verlorene Jugend“, sagt Hanno Warlich. Nach Gefangenschaft und Lazarett ist er ab Dezember 1945 wieder zur Schule gegangen und hat 1947 sein Abitur gemacht. Die Lust auf Kriegsabenteuer ist ihm ein für alle Mal vergangen.

Die Tragödie von Sandershausen

23 SCHÜLER KAMEN BEI ANGRIFF UMS LEBEN

Von Werner Dettmar

Bei dem britischen Nachtangriff am 3. Oktober 1943 wurden in der Flakbatterie Sandershausen durch einen Reihenwurf von schweren Sprengbomben – die eigentlich die Altstadt treffen sollten – 23 Luftwaffenhelfer getötet. Es waren 16- und 17-jährige Schüler der Friedrich-Wilhelm-Schule in Eschwege.
Dieses verheerende Ereignis war ein Schock für die überlebenden Jungen. Einer der Schüler, die nach Ende des Angriffs die zerfetzten Körper ihrer Klassenkameraden bergen mussten, schreibt in sein Tagebuch: „Die Reihe der Toten wächst ständig. Links und rechts des Weges legen wir sie nieder und decken sie zu. Fassungslos stehe ich vor ihnen mit den anderen, die nicht verwundet sind, vor ihnen, mit denen wir in den wenigen vergangenen Schuljahren Freud und Leid geteilt haben.
‚Kein schön’rer Tod ist in der Welt, als wer vom Feind erschlagen.‘ Haben wir dieses Landsknechtlied wirklich im Musikunterricht gelernt? Ich lerne diesen Tod hier anders kennen. Du bist nicht schön! Die andere Zeile des Liedes trifft zu: ‚Hier aber find’t er Gesellen fein, fall’n mit wie Kräuter im Maien.‘ Es ist wahr, sie fielen wie Kräuter im Maien, im Mai ihres Lebens.“
Nach der großen Beerdigung in Eschwege wurden die Luftwaffenhelfer in Gruppen zu je vier aufgeteilt, um die Gefallenen zu bestatten, die aus den umliegenden Dörfern stammten.
Der Dramatiker Rolf Hochhuth, ebenfalls Schüler der Friedrich-Wilhelm-Schule, aber kein Luftwaffenhelfer, musste mit anderen Pimpfen das Spalier bilden. Er berichtet, dass sein Bruder, Klassenkamerad der Toten, eine Hitlerjugend-Fahne in jedes Grab hineinhalten musste, während Parteiredner und Pfarrer den staatlichen und kirchlichen Segen sprachen und eine Abordnung des Kasseler Flakregiments über jedem der vielen ausgehobenen Gräber und den trostlosen Angehörigen Salut schoss.

N
SA 431
30-7-43
FIESELER AIRCRAFT
at KASSEL, GERMA
Annotated Print N
Neg Nº 27681
C
FIESELER AIRCRAFT PLANT
(BETTENHAUSEN)
A
PINNFASER A G
B
FIESELER ASSEM
ER
OME

12 000 Tote bei 40 Angriffen

ERST DIE RÜSTUNGSBETRIEBE, DANN DIE GANZE STADT ALS ANGRIFFSZIEL

Von Werner Dettmar

Die Bilanz des Luftkriegs für Kassel ist erschreckend: Die Stadt wurde zwischen dem 22. Juni 1940 und dem 21. März 1945 mit 6658 Flugzeugen 40 Mal angegriffen. Dabei fielen rund 18 000 Tonnen Bomben – 34 862 Spreng- und 436 324 Brandbomben. Man muss davon ausgehen, dass schätzungsweise 12 000 Menschen bei den Angriffen ums Leben kamen.

Als zu Beginn des Zweiten Weltkrieges das Bomberkommando der britischen Royal Air Force die Luftkriegsziele in Deutschland in einer Prioritätenliste zusammenfasste, wurde Kassel wegen seiner Bedeutung als Standort für die Rüstungsindustrie als vorrangiges Ziel eingestuft.

Obwohl nach dem Ersten Weltkrieg in den Zwanziger- und Dreißigerjahren wiederholt Versuche unternommen wurden, die Bombardierung offener Städte zu verbieten, war die militärische Führung nun der Ansicht, dass unter den Bedingungen einer modernen Kriegsführung die Bombardierung von Rüstungsbetrieben legal sei. Jetzt galt es, die wirtschaftliche und industrielle Kapazität des Feindes zu zerstören.

Die Industrie wurde unter dem Einsatz aller Ressourcen und der gesamten Bevölkerung für den Krieg mobilisiert. Und damit war die gesamte Nation das Kriegsziel. Daraus entwickelte sich die Strategie, dass mit einem steigenden Terror gegen die Zivilbevölkerung deren Moral und Durchhaltewillen untergraben und die Nation zur Kapitulation gebracht werden könnte. Die Folge waren die verheerenden Flächenbombardierungen.

Bombenhagel: Die Aufnahme aus einem amerikanischen Bomber zeigt die Einschläge bei Fieseler und der Spinnfaser AG am 30. Juli 1943.

Schüler und Lehrlinge als Helfer in Flakbatterien

DIE BOMBER BLIEBEN FÜR LEICHTE GESCHÜTZE UNERREICHBAR – 43 FLUGZEUGE DURCH NACHTJÄGER BEI GROSSANGRIFF AUF KASSEL ABGESCHOSSEN

Von Werner Dettmar

Zum Schutz der Städte, in denen sich kriegswichtige Industriebetriebe und Eisenbahnanlagen befanden, wurden Fliegerabwehrkanonen (Flak) eingesetzt. Es gab schwere Flakbatterien mit 8,8- und 10,5-cm-Geschützen, die Ziele bis zu 11600 Metern Höhe bekämpfen konnten. Die Feuergeschwindigkeit lag zwischen zwölf und 20 Schuss pro Minute. Die Bedienung bestand aus einem Geschützführer und sechs bis neun Mann. 1943 waren in Kassel 15 dieser Batterien mit je sechs Geschützen und zehn Großbatterien mit je zwölf Geschützen stationiert. Da die feindlichen Bomber Kassel aus jeder Richtung anfliegen konnten, mussten die Flakstellungen in einem Kreis um die Stadt aufgestellt werden. Sie waren so angeordnet, dass die Bomber während ihres Zielanfluges etwa eine Minute beschossen werden konnten. Die Geschütze eröffneten das Feuer, wenn die Flugzeuge in ihre maximale Reichweite einflogen (etwa 10000 Meter bei der 8,8-cm-Flak). Das Auffinden von Luftzielen durch Flak und Nachtjäger wurde von Scheinwerfer-Abteilungen und bei schlechten Sichtverhältnissen durch Funkmess-Geräte (Radar) unterstützt.

Die britischen Nacht- und die amerikanischen Tagesangriffe wurden hauptsächlich aus Höhen über 5000 Metern durchgeführt. Die im Raum Kassel in großer Zahl stationierte leichte und mittlere Flak, ausgerüstet mit 2-cm- und 3,7-cm-Kanonen, mit einer Höhenreichweite von maximal 4800 Metern, konnte die Bomber nicht erreichen. Durch große Mengen von Leuchtspurmunition – die 2-cm-Flak hatte eine Feuergeschwindigkeit von bis zu 180 Schuss pro Minute – wurde jedoch den Bombern die Zielfindung erschwert. Nicht zu unterschätzen war auch der moralische Effekt auf die Bevölkerung, die bei dem starken Geschützfeuer das Gefühl hatte, besser verteidigt zu sein. Leichte Flak war auch auf mehreren Gebäuden der Innenstadt installiert, wo die Flaksoldaten den Bomben schutzlos ausgesetzt waren.

1943 hatte der verstärkte Luftkrieg der Alliierten in Deutschland selbst eine neue Front geschaffen, an der Soldaten kämpfen mussten, die an anderen Fronten dringend benötigt wurden. Nunmehr wurden schrittweise reguläre Flak-Soldaten durch andere Kräfte ersetzt. In diesem Jahr bekamen ortsfeste Flakeinheiten der Reichsverteidigung „hilfswillige" Kriegsgefangene, vor allem Russen, zugewiesen. Ebenfalls wurden Flakbatterien aus Abteilungen des Reichsarbeitsdienstes (RAD) aufgestellt. Deutsche Arbeiter zog man zu Nachteinsätzen bei Flakbatterien in der Nähe ihrer Fabriken ein. Schließlich prüfte man die Möglichkeit, Schüler und Lehrlinge als Luftwaffenhelfer in Flakbatterien einzusetzen. Neben dem militärischen Dienst sollte der Schulunterricht in modifizierter Form weitergeführt werden.

Tödlicher Ernst: Beim Abschuss dieses britischen Bombers am Ortsrand von Obervellmar starben drei Besatzungsmitglieder.

Dieser konnte jedoch in der Praxis nur mit Mühe und Not beibehalten werden, da vor allem der häufige Dienst bei Nacht die 15- und 16-Jährigen so strapazierte, dass sie die frühen Tagesstunden zum Schlafen und Ausruhen brauchten. Die ersten Luftwaffenhelfer des Jahrgangs 1926 wurden im Februar 1943 eingezogen. Jahrgang 1927 folgte fünf Monate später.

Als 1940 das Bomberkommando der Royal Air Force wegen der unerträglichen Verluste bei Tageseinsätzen auf Nachtangriffe überging, bestand die Nachtjägertruppe der deutschen Luftwaffe nur aus wenigen einmotorigen Maschinen. Aus diesen kleinen Anfängen heraus entwickelte sich jedoch schnell eine effektive Waffe. Sie griffen nach Sicht oder mithilfe des Radargerätes an, das auf Frequenzen arbeitete, die nicht gestört werden konnten.

Dieses Verfahren führte beim Großangriff auf Kassel zum Abschuss von 43 viermotorigen Bombern.

Den Koffer immer griffbereit

DIE 78-JÄHRIGE GRETEL GERMANDI ERINNERT SICH AN DIE NÄCHTE IM LUFTSCHUTZKELLER

Von Thomas Siemon

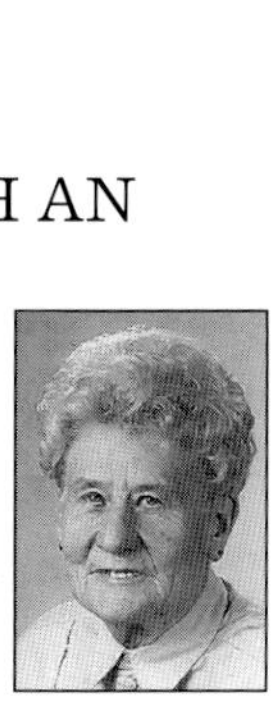

Der Boden hat gebebt, die Mauern erzitterten und immer war da die Angst, dass der Keller einstürzen könnte. „Wir hatten Todesangst", erinnert sich Gretel Germandi (78), die damals noch Gretel Kortals hieß. Als die Bombenangriffe auf Kassel immer häufiger und zerstörerischer wurden, waren die Luftschutzkeller die schnellste Zuflucht. Gretel Kortals wohnte mit ihren Eltern und der ein Jahr älteren Schwester Erika mitten in der Stadt am Martinsplatz. Zwischen den Kellern der Häuser gab es Durchbrüche, die ihr später das Leben retten sollten.

Als im August 1942 die ersten Bomben im Zentrum der Stadt detonierten, kamen Gretel Kortals und die Nachbarn recht schnell wieder aus den Kellern nach oben. „Wir wollten sehen, was passiert ist“, erinnert sie sich. Das Schiff der Martinskirche wurde getroffen, einige Dachstühle brannten, doch das große Chaos herrschte noch nicht. Die 18-jährige Gretel arbeitete als Verkäuferin bei Kinderwaren Herzer, einem Fachgeschäft im Erdgeschoss des großen Wagnerschen Hauses, das an der Ecke Hohentorstraße/Mittelgasse stand.
Von der Oma bis zum Enkel trafen sich alle Bewohner bei Fliegeralarm im Keller. „Wir hatten das Köfferchen mit den wichtigsten Papieren immer griffbereit“, so Gretel Germandi, die mit ihrem Mann Hans heute noch im gleichen Quartier wohnt. Teilweise kamen die Bomber dreimal pro Nacht. In den wenigen Stunden dazwischen versuchte die Familie, etwas Schlaf zu finden. „Wir haben uns gar nicht erst ausgezogen, damit wir schnell vom Bett aufspringen und in den Keller laufen konnten“, erinnert sie sich. Eine gute Stunde bis 90 Minuten dauerten die Angriffe im Schnitt. Bei jedem Bombeneinschlag haben die Menschen im Keller gezittert und gebetet, dass ihr Haus verschont bleiben möge.
Bei dem verheerenden Großangriff am 22. Oktober 1943 half alles Bitten und Beten nichts mehr. Als der Fliegeralarm ertönte, saß die Familie in der Küche. Der Verlobte von Erika Kortals war gerade zu Besuch da. Die Flucht in den Keller war noch Routine, doch dann begann das Inferno. Das Wagnersche Haus stürzte zusammen, den Menschen im Keller blieb nur noch die Flucht.
Von Haus zu Haus und von Keller zu Keller schlugen sie sich durch. Ihr Ziel war die Bärenkammer, eine Brauerei,

Blick aus dem Turm der Martinskirche: Im August 1942 wurde der Dachstuhl durch einen Bombentreffer beschädigt.

Start der Odyssee: Vom Wagnerschen Haus (ganz rechts) an der Hohentorstraße flüchtete Gretel Germandi durch die Keller.

deren verzweigte Gewölbe zu einem großen und vermeintlich sicheren Luftschutzkeller ausgebaut worden waren. Von allen Seiten kamen die Menschen, rund 100 kauerten sich dicht an dicht zusammen. Der Sauerstoff wurde immer knapper, rund 30 Menschen, darunter der Verlobte von Erika Kortals, schliefen ein – sie sind nie wieder aufgewacht. Der Tod durch Kohlenmonoxydvergiftung ereilte in dieser Nacht Tausende.
Die Überlebenden haben heute noch mit der Erinnerung zu kämpfen. Das könne niemand nachempfinden, der es nicht selbst erlebt habe, sagt Gretel Germandi.

WEINBERGBUNKER FÜR 3000 MENSCHEN

1943 standen der Kasseler Bevölkerung folgende Bunkerbauwerke im Stadtgebiet zur Verfügung:

- Rettungsstelle und Wohnbunker Agathofstraße für 280 Personen
- Wohnbunker Leipziger Straße 225 für 930 Personen
- Verkehrs- und Wohnbunker Bahnhofsplatz für 2800 Personen
- Rettungsstelle und Wohnbunker am Karlshospital (heute Altmarkt) für 600 Personen. Die Bunker 3 und 4 mussten bei dem Großangriff vom 22. Oktober 1943 wegen Sauerstoffmangels geräumt werden.
- Wohnbunker Gräfestraße für 630 Personen
- Bunker im Stadtkrankenhaus für 600 Personen
- Wohnbunker Grebensteiner Straße für 600 Personen
- Bunker Marienkrankenhaus für 360 Personen
- Weinbergbunker für ca. 3000 Personen
- Wohnbunker Hafenstraße für 630 Personen.

Zufluchtsort: Der Weinbergbunker hielt allen Angriffen stand. Betten und Stühle wurden ausgeräumt, ansonsten hat sich in den Katakomben bis heute wenig verändert.

Totale Verdunklung und Mauerdurchbrüche

SPÄTESTENS ZEHN MINUTEN VOR DEM ANFLUG DER BOMBER HEULTEN DIE SIRENEN – SELBSTSCHUTZGERÄTE WAREN PFLICHT

Von Werner Dettmar

Wegen ihrer Lage und Einrichtungen war die Stadt Kassel als Luftschutzort I. Ordnung eingestuft. Das bedeutete, dass hier Einrichtungen geschaffen wurden, um bei Luftangriffen Schäden und Verluste möglichst gering zu halten. Schon vor Beginn des Zweiten Weltkrieges gab es dazu Verordnungen. Darunter fielen die Verdunklung, die Entrümpelung von Bodenräumen wegen der erhöhten Brandgefahr, das Absichern von Kellerräumen gegen Einsturz und die Einrichtung von öffentlichen Luftschutzräumen zum Schutz der Passanten im gesamten Stadtgebiet.

Für jede Hausgemeinschaft mussten Selbstschutzgeräte bereitgestellt werden. Hierzu gehörten eine Hausapotheke und Feuerlöschgeräte. In regelmäßigen Abständen wurden Luftschutzübungen durchgeführt, um die Bevölkerung einzuweisen. Bei Kriegsbeginn trat als Erstes die totale Verdunklung der Stadt in Kraft, und vor allem nach den ersten Flächenbombardierungen anderer Städte schaffte man zusätzliche Fluchtmöglichkeiten, indem man die Kellerwände zwischen den Häusern durchbrach und leicht mit Ziegelsteinen schloss. Wenn ganze Straßenzüge brannten, bestand so die Aussicht, sich von Keller zu Keller ins Freie auf große Plätze oder breite Straßen zu retten. Diese Mauerdurchbrüche haben in Kassel tausenden von Menschen das Leben gerettet. Mit dem Bau von Hoch- und Tiefbunkern sowie Stollen wurde begonnen.

Für einige dieser Bunker wurden Platzkarten für in der Nähe wohnende Familien ausgegeben, die in ihren Kellern unzureichende Schutzräume hatten. Industrie und Bevölkerung vor drohenden Luftangriffen rechtzeitig zu warnen, war die Aufgabe des Luftschutzwarnkommandos Kassel, das in Kellerräumen des Hessischen Landesmuseums und gegen Kriegsende im Weinbergbunker untergebracht war. Angeschlossen waren ca. 60 Warnstellen, Industriebetriebe, Krankenhäuser, Reichsbahn, Reichspost und Verwaltungen, die über Telefon vor dem eigentlichen Fliegeralarm über die Luftlage informiert wurden.

So hatten eine Reihe von Rüstungsbetrieben und die Reichsbahn Verdunklungserleichterungen, um effektiv arbeiten zu können. Diese Betriebe mussten je nach Wetterlage und Sichtverhältnissen beim Näherkommen der Flugzeuge aufgefordert werden, schrittweise zu verdunkeln, wobei die Lichter der Reichsbahn erst voll gelöscht wurden, wenn sich die Maschinen unmittelbar vor Kassel befanden. Akustischer Alarm mit Sirenen zur Warnung der Bevölkerung war zehn Minuten vor Eintreffen der Maschinen obligatorisch.

Übung für den Ernstfall: Der Luftschutz-Sanitätsdienst am Altmarkt. Im Hintergrund ist die Hirsch-Apotheke an der Ecke zur Mittelgasse zu sehen.

BOMBEN AUF KASSEL: EINE CHRONOLOGIE 1940–1942

- Am **22. Juli 1940** fielen die ersten Bomben in Bettenhausen. Der Angriff dauerte von 0.29 bis 2.35 Uhr. Ziel war der Flugplatz von Fieseler. Auch das Kurbad Jungborn an der Fulda wurde getroffen. Zwei Tage später (24. Juli, 0.26 bis 2.57 Uhr) gab es einen weiteren Angriff. Getroffen wurde das Spinnfaser-Werk.
- Der erste größere Schaden entstand in der Nacht vom **16. zum 17. August 1940**. In der Gräfestraße wurden die Häuser 2, 4 und 6 durch Bomben stark beschädigt. Zwei Menschen starben, 13 wurden verletzt.
- In der Nacht vom **16. zum 17. Oktober 1940** (22.02 bis 1.13 Uhr) wurden fünf Sprengbomben abgeworfen. Eine traf die Stadtgärtnerei.
- In der mondhellen Nacht vom **8. zum 9. September 1941** – nach fast elfmonatiger Pause – griffen 30 Bomber an (23.32 bis 3.00 Uhr). Getroffen wurden das Werk II von Henschel, Grüner Weg, Hauptbahnhof, Rotes Palais am Friedrichsplatz, Hermannstraße und Philosophenweg.
- Zum ersten Mal in einer Nacht ohne Mondschein gab es am **24./25. Oktober 1941** einen Angriff (22.37 bis 0.21 Uhr). Beschädigt wurden einige Häuser am Jungfernkopf, ein Bahnübergang und Teile des Gleisdreiecks.
- 1942 gab es nur einen größeren Angriff, allerdings mit erheblichen Zerstörungen im Stadtgebiet. In der mondhellen Nacht vom **27. zum 28. August 1942** (23.54 bis 2.08 Uhr) schlugen Bomben auf dem Friedrichsplatz (Theater), in der Unterneustadt, am Auedamm mit den Bootshäusern, der Badeanstalt sowie in der Karlsaue ein. Getroffen wurde die Train-Kaserne an der Frankfurter Straße, der Friedhof in Wehlheiden, die Gräfestraße, die Murhardstraße sowie die Emmerichstraße. Ziele waren auch die Henschelwerke in Rothenditmold. Weitere Zerstörungen gab es an der Wolfsangerstraße, am Ostring und dem Stadtkrankenhaus.

Die Angaben stammen aus den Protokollen des Luftschutzwarnkommandos Kassel.

Die Vorboten: Zielmarkierungsbomben am Nachthimmel.

Die Schäden – ein Besuchermagnet

DIE ERSTEN SCHWEREN TREFFER GAB ES AN DER GRÄFESTRASSE UND AM FLUGHAFEN WALDAU

Von Werner Dettmar

Der heute 78-jährige Günter Bente hat damals alles ganz genau beobachtet. Aus dem Dachfenster der Wohnung am Königstor sah er helles Scheinwerferlicht und einen Bomber, der immer tiefer heranflog. Und dann krachte und donnerte es auch schon ein paar hundert Meter weiter an der Gräfestraße.

Nach dem damaligen Begriff gab es erstmalig einen Großschaden in der Nacht vom 16. zum 17. August 1940. 34 Bomber griffen verschiedene Ziele über dem Reichsgebiet an. Einer davon warf über Kassel zwei Fünfzentnerbomben ab, die in der Gräfestraße drei Häuser stark beschädigten. 37 Familien wurden obdachlos. Es gab zwei Tote, acht schwer und fünf leicht Verletzte. Sie waren alle nicht im Schutzraum. Damals konnte sich noch kaum jemand vorstellen, dass der Krieg auch die eigene Stadt betreffen könnte. Die Bombeneinschläge an der Gräfestraße waren für die Kasseler eine Attraktion. Tausende sahen sich die Schäden an Ort und Stelle an und fassten sicher den Entschluss, zukünftig bei Alarm den Keller aufzusuchen. Die ersten Bomben auf Kassel fielen im Juni und Juli 1940. Etwa

Die ersten schweren Treffer: An der Gräfestraße in Wehlheiden starben im August 1940 zwei Menschen, mehrere Häuser wurden stark beschädigt.

Aufräumarbeiten: Die Menschen aus der Gräfestraße versuchten zu retten, was zu retten war.

30 Flugzeuge griffen in drei Nächten mit 172 Sprengbomben und über 700 Brandbomben Industrie- und Wohngebiete in Bettenhausen und Waldau an. Erhebliche Sachschäden entstanden in Salzmannshausen und der Unterneustadt, jedoch gab es keine Personenverluste. Hauptziel war der Flugplatz Waldau.

Nach dem deutschen Überfall auf Polen am 1. September 1939 begann mit der Kriegserklärung Englands und Frankreichs drei Tage später der Krieg im Westen. Und an diesem 4. September wurde – laut Eintragung im erhalten gebliebenen Alarmbuch des Luftschutzwarnkommandos Kassel – um 15.45 Uhr der erste Fliegeralarm in Kassel ausgelöst.

Bis zu Beginn des Frankreichfeldzuges im Mai 1940 sind noch elf weitere Alarme verzeichnet, bei denen aber keine wesentlichen Störungen entstanden. Dann trat jedoch eine rapide Änderung ein. Jetzt flogen die britischen zweimotorigen Bomber in klaren Nächten in größerer Anzahl ein und suchten einzeln ihre Ziele über einen längeren Zeitraum. Nun dauerten die Fliegeralarme oft mehrere Stunden und waren eine erhebliche Belastung für die Bevölkerung. Obwohl in diesem Stadium die meisten Menschen bei Alarm entgegen den Luftschutzverordnungen nicht die Schutzräume aufsuchten, war an Schlaf nicht zu denken, denn es konnten bei jedem Überflug Bomben fallen.

Im Jahre 1940 wurde insgesamt 91-mal Fliegeralarm ausgelöst, die meisten Angriffe kamen nachts und dauerten oft mehr als drei Stunden. Nach den ersten schweren Luftangriffen mit Personenschäden ab August dieses Jahres suchten jedoch die meisten Bewohner freiwillig ihre Schutzräume auf.

Wassermassen: Am 17. Mai 1943 wurde die Edertalsperre zerstört.

BOMBEN AUF KASSEL: EINE CHRONOLOGIE 1943

- In den frühen Morgenstunden vom **17. Mai 1943** dauerte der Fliegeralarm fast vier Stunden lang (0.31 bis 4.19 Uhr). Mit Tagesanbruch kam die Nachricht, dass die Edertalsperre zerstört wurde und Kassel mit einer Hochwasserflut zu rechnen hat. Gegen zehn Uhr begann das Wasser der Fulda sichtbar zu steigen. Es überflutete die Fuldadämme, stand in der Aue, der Unterneustadt, der Altstadt und bis hin zur Weserspitze. Zwei Menschen kamen ums Leben, es entstanden große Gebäudeschäden.
- Am **28. Juli** ist der erste Tagesangriff der Amerikaner mit 100 Flugzeugen verzeichnet. Angegriffen wurden Junkers, Fieseler und die Spinnfaser. Die meisten Bomben verfehlten allerdings ihr Ziel. Getroffen wurden die Fieselersiedlung und die Eichwaldsiedlung. 45 Menschen kamen ums Leben.
- Am **30. Juli 1943** von 8.50 bis 10.44 Uhr hatten amerikanische Flugzeuge nahezu die gleichen Angriffsziele. 157 Menschen starben.
- Am **3. Oktober 1943** zwischen 21.58 und 23.43 Uhr flogen 540 britische Bomber über Kassel. Sie verfehlten ihre Ziele in der Innenstadt, richteten aber östlich vom Zentrum große Schäden an. 116 Menschen starben, rund 300 wurden verletzt.
- In der Nacht vom **22. auf den 23. Oktober 1943** ging die Altstadt im Feuersturm unter.

Der Untergang als makabres Spiel

1933 SOLLTE BEIM GROSSFLUGTAG EIN MODELL DER KASSELER ALTSTADT „BOMBARDIERT“ WERDEN

Von Thomas Siemon

Die Katastrophe begann bereits 1933. Die Vorbereitungen für einen mörderischen Krieg, die Vertreibung und Ermordung der jüdischen Mitbürger, aber auch die Zerstörung Kassels. Sie war als Planspiel bereits am 16. Juli 1933 Bestandteil des ersten Kasseler Großflugtages unter dem Nazi-Regime. Man mag es sich heute kaum noch vorstellen, aber für diese Massenveranstaltung auf dem Flughafen Waldau wurde unter dem Motto „Bomben auf Kassel“ geworben. Am Rande des Flugfeldes war ein Modell der Kasseler Altstadt aus Holz und Papier aufgebaut. Als Abschluss und Höhepunkt der Veranstaltung sollte es „unter Bomben verenden“, wie es die Kasseler Post in der Ankündigung damals formulierte.

Die Flugtage in Waldau waren immer eine Attraktion gewesen, mit bis zu 80 000 Besuchern rechneten die Veranstalter. Kunstflieger wie Kurt Katzenstein oder Gerhard Fieseler begeisterten in früheren Jahren das Publikum. Im Juli 1933 warf das Wetter das Programm gehörig

durcheinander. Es schüttete wie aus Eimern, ein wahres Unwetter braute sich zusammen, einige spektakuläre Flüge konnten später doch noch stattfinden. 15 000 Menschen, die trotz der Regengüsse ausgeharrt hatten, warteten allerdings auf den vermeintlichen Höhepunkt vergebens.
Das Bombardement fiel buchstäblich ins Wasser, denn der starke Regen hatte das Modell der Altstadt völlig aufgeweicht, Kassel war zumindest bei diesem Flugtag noch einmal davongekommen. Gut zehn Jahre später, am 22. Oktober 1943, wurde aus dem makabren Spiel blutiger Ernst. Da ging die Altstadt im Feuersturm unter und 10 000 Menschen ließen ihr Leben.

Von Regen und Wind zerfetzt: Das Modell der Kasseler Altstadt, das durch Bomben beim Großflugtag zerstört werden sollte.

BOMBEN AUF KASSEL: EINE CHRONOLOGIE 1944

- **Im Januar 1944** wurde eine Rundfunk-Sendeanlage installiert, die während der Warnzeiten die Position der angreifenden Flugzeuge für den Gau Kurhessen bekannt gab. Sie konnte mit den gängigen Radios abgehört werden.
- Die ersten Bomben des Jahres fielen am **21. Januar 1944** (Alarmzeit 21.51 bis 22.08 Uhr). Getroffen wurde ein Haus in Niederzwehren. Es gab Tote und Verletzte.
- Am **18. März 1944** (21.45 bis 22.29 Uhr) wurden 15 Sprengbomben abgeworfen. Sie schlugen in Lohfelden, im Bereich Wolfsanger- und Ihringshäuser Straße (hinter dem Krankenhaus) ein.
- Am Schlangenweg und am Philosophenweg schlugen am **30. März 1944** Bomben ein. Weitere Treffer gab es am Straßenbahn-Betriebshof in Wilhelmshöhe, in Kirchditmold und an der Ihringshäuser Straße.
- Die Werke von Fieseler und Henschel-Flugmotoren waren Ziele am **19. April 1944** (9.59 bis 11.34 Uhr). Bis zu 80 Bomber waren im Einsatz. Auch Wohngebiete in Bettenhausen wurden getroffen.
- Großbrände an der Parkstraße und der Schlachthofstraße waren die Folge des Angriffs am **22. September 1944**. Ebenfalls getroffen wurden der Hauptbahnhof, der Güterbahnhof, Henschel, Tannenwäldchen, Unterstadt, Mittelfeld, Kölnische Straße, Hohenzollernstraße, Kaiserstraße, Prinzenstraße, Elfbuchenstraße, Holländische Straße, Fiedlerstraße, Eisenschmiede und Ihringshäuser Straße sowie Gebiete in Wolfsanger und Bettenhausen.
- Am **27. September 1944** (10.11 bis 11.38 Uhr) wurden Wohngebiete in Ihringshausen, am Fasanenhof und an der Eisenschmiede getroffen.
- Bereits einen Tag später, am **28. September 1944**, fielen erneut Stabbrandbomben und Sprengbomben (11.34 bis 14.29 Uhr). Getroffen wurden die Stadtteile Harleshausen, Kirchditmold, das Umfeld der Heinrich-Schütz-Schule, Rothenditmold, das Henschel-Werk Mittelfeld und das Fasanenhofviertel. Weitere Schäden gab es an der Harleshäuser Straße, der Todenhäuser Straße, am Huttenplatz, dem Diakonissenhaus, der Quellhofstraße und am Hegelsberg.
- Rothenditmold, Wolfsanger, Wehlheiden, Brasselsberg und Harleshausen waren Ziele des Angriffs vom **2. Oktober 1944** (10.12 bis 12.12 Uhr).
- Am **7. Oktober 1944** gab es einen größeren Angriff (11.07 bis 14.07 Uhr). Treffer gab es in Harleshausen, in der Wartebergsiedlung, am Jungfernkopf, im Weserviertel, an der Mönchebergstraße und am Stadtkrankenhaus.
- Sprengbomben trafen am **18. Oktober 1944** (10.50 bis 12 Uhr) die Stadtteile Wilhelmshöhe, Kirchditmold, Harleshausen, die Wegmann-Obstplantage, Rothenditmold, Nordstadt, Fasanenhof, Bettenhausen, Wolfsanger sowie Ihringshausen.

Die Angaben stammen aus den Protokollen des Luftschutzwarnkommandos Kassel.

Die Zielmarkierung ging daneben

BEREITS AM 3. OKTOBER 1943 SOLLTE DIE KASSELER INNENSTADT ZERSTÖRT WERDEN

Von Werner Dettmar und Thomas Siemon

Auf diesen Sonderurlaub hätte der damals 18-jährige Hans-Karl Jacob gern verzichtet. In Eisenach war er stationiert, und dort erreichte ihn das Telegramm mit der Mitteilung, dass seine Eltern am 3. Oktober ausgebombt worden waren. Sie hatten zum Glück überlebt, die Mutter im Agathof-Bunker, der Vater im Keller des Hauses an der Buttlarstraße 5 in Bettenhausen. „Es war alles zerstört, wir haben kein Stuhlbein mehr gerettet", erinnert sich Hans-Karl Jacob.

Dabei war Bettenhausen gar nicht das Ziel. Die Kasseler Innenstadt sollte am 3. Oktober 1943 durch einen Flächenangriff zerstört werden. So sah es der Plan des britischen Bomberkommandos vor. Im Laufe des Jahres war man – wie schon 1942 in Lübeck – bei der Analyse der Auswirkungen der Nachtangriffe auf Wuppertal und Hamburg zu der Erkenntnis gekommen, dass sich die dicht bebauten Innenstädte durch den massiven Einsatz von Brandbomben durch Feuer selbst zerstörten. Seit dem Frühjahr 1943 war für die Royal Air Force das Hauptangriffsziel die Moral der deutschen Zivilbevölkerung, vor allem der Arbeiterschaft. Und so beschäftigten

Trümmerfeld: Die Henschelstraße mit Blickrichtung Holländischer Platz nach dem Angriff vom 3. Oktober.

sich Wissenschaftler und Techniker mit der Feuerempfindlichkeit der zu bombardierenden Städte und ermittelten Bombenmengen und Abwurfschemata. Kassels Innenstadt mit seinem mittelalterlichen Kern war ein geradezu ideales Ziel für einen Flächenangriff. Der Zielpunkt des Angriffs, der Martinsplatz, war so gewählt, dass die Masse der abgeworfenen Spreng- und Brandbomben in ein Gebiet fallen musste, das eine rapide Ausdehnung von Bränden begünstigte.

Alles zerstört: Das Elternhaus von Hans-Karl Jacob an der Buttlarstraße.

Die Zielfindung wurde inzwischen durch die Schaffung einer so genannten Pfadfindereinheit perfektioniert. Diese vor dem Bomberstrom operierenden Flugzeuge markierten mit Leucht- und farbigen Markierungsbomben das Ziel. Am 3. Oktober war der Beginn des Angriffs auf 22.15 Uhr festgelegt, mit einer Angriffsdauer von 27 Minuten. Der britische Bericht über den Angriff führt aus, dass 540 schwere Bomber eingesetzt waren. Die zur Zielmarkierung eingesetzten Maschinen verfehlten jedoch den Zielpunkt in südöstlicher und östlicher Richtung mit dem Ergebnis, dass das außerhalb liegende Stadtviertel schwer beschädigt und das nahe gelegene Dorf Sandershausen halb zerstört wurde. Eine spätere Verschiebung nach Norden beschädigte die Dörfer Wolfsanger und Ihringshausen schwer. Außerhalb des Wohngebietes wurde der Industrie schwerer Schaden zugefügt, hauptsächlich den Lokomotiv- und Rüstungswerken von Henschel & Sohn. Ein großes Munitionsdepot westlich von Ihringshausen wurde zu 75 Prozent zerstört, 24 Bomber gingen verloren.

Dem Umstand, dass der größte Teil der 1500 Tonnen abgeworfenen Spreng- und Brandbomben in freies Feld fiel, ist zu verdanken, dass nur 118 Menschen getötet und ca. 300 verwundet wurden. 382 Wohngebäude wurden zerstört. Es entstanden folgende „Großschadenstellen“: Fieselerwerk 1 und Spinnfaser, Henschelwerk 1 und Umgebung, Holländischer Platz, Bernhardistraße, Salzmann & Co., Sandershäuser Straße, Schule Hohenlohe, Vogts Mühle und Umgebung, Weserstraße, Mönchebergstraße, Stadtkrankenhaus, Fasanenhof, Wolfsanger. 50 landwirtschaftliche Betriebe wurden beschädigt oder zerstört.

Nur kurze Zeit danach, am 22. Oktober, wiederholte das Bomberkommando den Angriff. Dieses Mal waren die Zielmarkierungen exakt gesetzt. Die Innenstadt brannte nieder – zehntausend Bewohner mussten ihr Leben lassen.

Ausgebombt: Nur einige Möbelstücke blieben übrig.

Der Horizont in hellen Flammen

Aus den Aufzeichnungen des Kasseler Luftwaffenhelfers Gebhard Niemeyer (16) zum Angriff vom 3. Oktober 1943

Dann ging alles sehr schnell: Etwa 22.10 Uhr fielen über Kassel die ersten Leuchtbomben, Zielmarkierungsbomben. Dann folgten die Christbäume, Kaskaden, abgesprühter Phosphor; und Brand- und Sprengbomben fielen. Andererseits knallte auch unsere Flak ganz gewaltig. Deutsche Jäger erschienen über Kassel; um unsere eigenen Nachtjäger nicht zu gefährden, hatten wir für bestimmte Höhen Feuerverbot.

Etwa bis 22.45 Uhr tobten die Feinde sich über unserer Stadt aus. In hellen Flammen stand der ganze Horizont und ließ einen immer wieder das Schlimmste für zu Hause befürchten.

Während des Angriffes nun sahen wir drei Maschinen abstürzen, lichterloh brennend. Das war jedes Mal ein stolzer Anblick. Die eine Maschine stürzte etwa in südlicher Richtung von uns ab. Wir vermuteten etwa am Bahnhof Harleshausen, da auch die Entfernung nicht allzu groß war; die zweite Maschine stürzte über der Stadt ab (wie man in den folgenden Tagen in Erfahrung brachte, ist sie im Philippinenhof aufgeschlagen!); von der dritten Maschine will ich nun berichten: Scheinwerfer hatten nördlich von uns eine Maschine aufgefasst; im Nu richteten wir die Maschine an: optisches Schießen dann. Wenig später flogen unsere ersten Gruppen dem Feind entgegen. Da begann die Maschine zu brennen, und bald stürzte sie ab. Das war zweifellos unser Werk! ...

Allmählich ging der Angriff zu Ende; da flog im Osten von uns etwa gegen 23 Uhr die Munitionsanstalt Ihringshausen in die Luft, eine fürchterliche Stichflamme, eine gewaltige Explosion und ein ungeheurer Luftdruck; noch viele Sekunden später hörte man das Rollen und Grollen der schrecklichen Detonation in weiter Ferne immer und immer wieder! Wir sahen in eine blutrote Wand am Himmel. Der Widerschein der Brände stieg hoch empor!

In Reih und Glied: Trauerfeier vor dem Kasseler Rathaus für die Opfer des Angriffs vom 3. Oktober 1943.

400 Bomber im Anflug auf die Stadt

ERST SCHEINANGRIFF AUF FRANKFURT, DANN KURSÄNDERUNG AUF KASSEL – ALARM UM 20.17 UHR

Von Werner Dettmar

Nach dem missglückten Angriff am 3. Oktober auf Kassel greift das britische Bomberkommando mit jeweils über 400 Maschinen acht weitere deutsche Städte an. Am 22. Oktober, einem Freitag, ergibt sich eine günstige Wetterlage für den Anflug und über Mitteldeutschland. So entscheidet Luftmarschall Harris im Hauptquartier in High Wycombe westlich von London, dass an diesem Abend Kassel endgültig zerstört werden soll.

Fernschreiber übermitteln die Einsatzbefehle an 38 Flugplätze in Ost- und Mittelengland. 569 viermotorige Bomber der Typen Lancaster und Halifax werden bis zum frühen Nachmittag betankt und mit Bomben beladen. Für einen Flächenangriff auf einen dicht bebauten mittelalterlichen Stadtkern mit Fachwerkhäusern wie in Kassel ist die übliche Beladung einer Lancaster eine 40-Zentner-Luftmine oder Sprengbomben mit gleichem Gesamtgewicht, zwölf Container mit je 90 Stabbrandbomben (1,7 Kilogramm) oder acht Flüssigkeitsbrandbomben (13,5 Kilogramm). Zu Beginn des Angriffs abgeworfene Luftminen decken mit ihrer gewaltigen Druckwirkung in weitem Umkreis Dächer ab, lassen Fenster zersplittern und an Fachwerkhäusern das Holz freilegen. Das Zielgebiet – in Kassel ist der Zielpunkt wiederum der Martinsplatz – wird „aufgelockert“, um den riesigen Mengen der folgenden Brandbomben Nahrung geben zu können und das schnelle Entstehen von Flächenbränden zu ermöglichen.

Der Start der Bomber von den Flugplätzen, auf denen je 20 bis 30 Maschinen stationiert sind, erfolgt je nach Lage zwischen 17.30 Uhr und 18.30 Uhr. Kassel soll in vier Wellen von 20.55 Uhr bis 21.11 Uhr bombardiert werden.

Die schwer beladenen Bomber brauchen über eine Stunde, um auf 6000 Meter Höhe zu kommen, in der die holländische Küste über der Scheldemündung überflogen werden soll. Aber bereits nach dem Start werden die Bomber von den deutschen Radargeräten erfasst und Meldungen über 400 feindliche Maschinen mit östlichem Kurs gehen an die Gefechtsstände der Nachtjäger.

Schon um 19.00 Uhr werden die Besatzungen auf ihren Plätzen alarmiert. Als die Spitze des Bomberstroms von circa 150 Kilometer Länge und 30 Kilometer Breite die holländische Küste erreicht, sind die ersten der fast 300 einsatzbereiten Nachtjäger schon in der Luft.

Die Meldungen der Luftraumbeobachter lassen bis in den Raum von Aachen einen nach Süddeutschland gerichteten Kurs erkennen. Dann jedoch, etwa um 20.15 Uhr dreht der Bomberstrom in Richtung Koblenz. Frankfurt wird, wie von den Planern beabsichtigt, als mögliches Ziel angenommen. Dies wird noch durch einen Scheinangriff einiger Maschinen bestärkt. Eine weitere Kursänderung des Bomberstroms, diesmal direkt in Richtung Kassel, wird nicht erkannt.

Diese Tatsache, verbunden mit falschen englischen Durchsagen in deutscher Sprache auf den Nachtjägerfrequenzen, führt dazu, dass ein großer Teil der Nachtjäger nach Frankfurt geleitet wird.

Trümmerfeld: Der Morgen nach dem Angriff vom 22. Oktober am Rande des Friedrichsplatzes mit Blickrichtung Schöne Aussicht. Die folgenden Fotos hat der Feuerwehrmann Friedrich Unkel aus Marburg gemacht, der in Kassel im Einsatz war.

Erst als Kassel eindeutig als Ziel erkannt wird, drehen sie ab nach Norden.
Da die geplante Angriffsdauer von nur 20 Minuten von einem großen Teil der britischen Bomber wegen schlechter Wetterbedingungen auf dem Anflug nicht eingehalten werden kann, kommen fast doch noch alle Nachtjäger zum Einsatz.

In den Kellerräumen des Kasseler Landesmuseums entschließt sich der Leiter des Luftschutzwarnkommandos, Wilhelm Dettmar, wegen der widersprüchlichen Luftlagemeldungen bereits um 20.17 Uhr den Fliegeralarm auszulösen. Nach dem Abklingen der Sirenen breitet sich eine unheimliche Ruhe über der Stadt aus.

„ES REGNETE FEUER, ES ZISCHTE UND KRACHTE“

Augenzeugen erinnern sich an den 22. Oktober 1943 und die Erlebnisse in der Bombennacht – Teil 1

■ *Ingeborg Schäfer war damals fünf Jahre alt. Sie erinnert sich:* „Die Decken wurden in Eimer mit Wasser getaucht. Sie waren zentnerschwer, aber ich bekam eine übergehängt. Meine Mutter hielt mich ganz fest, zog mir die Decke über den Kopf, und wir gingen nach oben. Es wurde immer wärmer, es wurde ganz heiß. Überall war es rot, ein ganz heißer Wind. Meine Mutter hielt mir die Decke über dem Kopf fest, aber ich konnte doch kurz etwas ganz Ungeheuerliches sehen: einen leuchtend roten Himmel mit vielen sprühenden, glühenden Funken. Es regnete Feuer, es zischte und krachte neben uns, die Füße wurden ganz heiß.“

■ *Anneliese Käuffelin (86):* „Die Moltkestraße, wo unsere Wohnung lag, gibt es heute nicht mehr. Bei dem großen Angriff am 22. Oktober 1943 ist sie ausradiert worden. Kaum jemand in der Straße hat überlebt. Auch unsere Großeltern und andere Angehörige waren unter den Toten. Mein Sohn und ich wohnten damals nicht mehr in Kassel. Als wir aber nach der Zerstörung einmal vor dem Trümmerfeld standen, sagte mein damals zweijähriger Sohn mit großen, ängstlichen Augen: ‚Oh, Mama, alles, alles kaputt – aber warum?‘ – Ja, warum? So werden auch heute noch Kinder in Kriegsgebieten fragen. Und die Mütter wissen keine Antwort.“

■ *Otto Pfützenreuter war damals 14 Jahre alt:* „Meine ältere Schwester hatte Erbsensuppe gekocht – meine Mutter lag im Krankenhaus am Möncheberg – und die Teller waren schon gefüllt. Also Alarm, nichts wie ab in den Keller, die Papiere hatten wir immer griffbereit in einem Koffer. Wir wohnten in der Henschelstraße 23, 3. Stock (Nähe Holländischer Platz). Vor der Ausgangstür des Luftschutzkellers im Gildehaus war jemand postiert. Als der wahnsinnige Angriff begann und die Wände nur so wackelten und wir nach jedem Einschlag froh waren, dass wir nicht unter den Trümmern begraben wurden, ließ er niemanden mehr raus auf die Straße. Wir mussten also abwarten und weiterzittern.“

Helfer im Einsatz: Die Feuerwehr am Staatstheater.

■ *Edith Oechsner (81):* „An diesem Abend war mein Verlobter mit mir im Ufa, es gab ‚Münchhausen‘. Während der Vorstellung Alarm. Auf dem verdunkelten Nachhauseweg stürmten uns bereits Menschenmassen entgegen, die alle in die Bunker rannten. (...) Mein Verlobter hat sich mit den anderen Soldaten am Morgen die Innenstadt angesehen. Er kam kreideweiß zurück. Er musste sehen, wie massenweise Tote und Gliedmaßen auf Lastwagen geladen und in die Reihengräber abtransportiert wurden."

■ *Rolf Lang war damals vier Jahre alt:* „Während des Angriffs fanden meine Mutter, meine Großmutter und ich im Kellergang der Bürgerschule 8 Schutz vor dem Bombenhagel. Meinen Großvater haben wir die ganze Nacht gesucht. Wie durch ein Wunder war er am anderen Morgen wieder da. Von unserem Wohnhaus am Unterneustädter Kirchplatz war bis auf ein paar Mauerreste nichts mehr übrig. Nach dem Krieg ging ich dann in die Bürgerschule 8. Wenn die Schulspeisung im Keller verteilt wurde, musste ich jedes Mal an den Bombenangriff denken."

Wasser auf Ruinen: Die stark beschädigte Kriegsschule am Friedrichsplatz.

■ *Ursula Westermann erlebte die Zerstörung als Siebenjährige:* „Wir wurden schon am 3. Oktober in Wolfsanger ausgebombt und nach Treysa evakuiert. Am 23. Oktober kamen wir mit einem Kohlenwagen zurück. Am Hauptbahnhof gab es kaum ein Durchkommen. Wir wollten aber unbedingt nach Wolfsanger, weil wir meinen Vater gesucht haben. Auf dem Weg durch die Große Rosenstraße roch es ganz furchtbar. Meine Mutter wollte mir aber nicht sagen, was das ist. Erst später habe ich erfahren, dass die kleinen, schwarzen Bündel die Überreste von Leichen waren."

■ *Ingrid Schumann war damals 15 und flüchtete bei dem Angriff in einen Luftschutzkeller an der Jägerstraße:* „Eine große Anzahl Menschen befand sich schon im Keller, und es dauerte nicht lange, bis wir die ersten Bomben hörten und die Erschütterungen von Einschlägen wahrnahmen. Die Luft wurde knapp, stickig und rauchig. Einige Soldaten drehten die Kurbel an einem Gerät, das uns Sauerstoff zuführen sollte. Stattdessen wurde die Luft immer rauchiger und schlechter. Meine Freundin und ich steckten unsere Jacken und Schartücher der Uniform in ein Wasserfass, zogen die Jacken nass wieder an und das Tuch über den Kopf und begaben uns die Kellertreppe hoch. Als wie die Kellertür öffneten, waren wir entsetzt von dem Feuer rundherum."

■ *Helga Ohlmeier war damals 15 Jahre alt:* „Am übernächsten Tag gehe ich mit Mutti durch die Stadt. Da erst kommt uns das unvorstellbare Geschehen der Bombennacht voll zu Bewusstsein. Von allen Seiten schaut uns das Grauen an. Es brennt und qualmt überall. Mauerreste ragen in den Himmel und drohen jeden Augenblick einzustürzen. Der schlimmste Anblick aber sind die Menschen, die tot auf Straßen, Plätzen und in ehemaligen Schaufenstern liegen – verbrannt, verkohlt, erstickt oder aufgedunsen. Königsplatz, Friedrichsplatz, Lutherplatz, Holländischer Platz und viele andere haben in der Bombennacht tausenden von Menschen das Leben gerettet, die vor den Feuerwalzen dorthin fliehen konnten. Nun sind diese Plätze bedeckt mit den Leichen von Männern, Frauen und Kindern. Traurige Gestalten gehen suchend umher."

„Christbäume“ als Vorboten des Angriffs

DIE ÜBER 1000 JAHRE ALTE STADT WIRD IN EINER NACHT ZERSTÖRT – MASSENGRÄBER FÜR 10 000 MENSCHEN

Von Werner Dettmar

Kaum eine Chance im Inferno: Die Feuerwehr im Dauereinsatz auf dem Friedrichsplatz am Morgen nach dem verheerenden Angriff auf Kassel.

Es ist noch früher Abend mit einem klaren Sternenhimmel. Obwohl das Staatstheater und die Kinos schon geschlossen haben, sind noch viele Menschen unterwegs. Die Restaurants und Cafés der Innenstadt sind gut besucht. Überall nehmen die Menschen nun ihr Luftschutzgepäck und suchen die Schutzräume in ihren Kellern auf. Viele hasten durch die Straßen, um einen der

öffentlichen Luftschutzräume oder Bunker zu erreichen. Angst breitet sich aus. Aus südöstlicher Richtung kommt Motorengeräusch. Scheinwerfer erfassen in großer Höhe ein Flugzeug. Die schwere Flak beginnt zu schießen. Gebhard Niemeyer, Luftwaffenhelfer bei einer Flakbatterie in Obervellmar, schreibt in seinem Tagebuch: „Der Himmel über der Stadt beginnt sich zu röten. Es ist ein schauriges Bild wie die Zielmarkierungen herniedergehen: Wie eine Unzahl von Sternen breitet sich das Zeug in verschiedenen Farben – grün und rot – aus, überall. Dann wieder Leuchtbomben, dann wieder Markierungen. Wenn sie sich entfalten, dann zerfallen sie in tausend kleine Sterne und sinken langsam herab."

Die Zielmarkierungsbomben, bei der Bevölkerung als „Christbäume" bekannt und als Vorboten eines Angriffs gefürchtet, sind bis zu 2,5 Zentner schwere Bomben mit einer Barometerzündung. In etwa 700 Metern Höhe explodieren sie und geben 60 Leuchtstäbe frei. Diese entzünden sich und sinken mit dem Geräusch von abbrennenden Feuerwerkskörpern auf die Erde herab, oft fälschlich als herabregnender Phosphor wahrgenommen. Dort bilden sie einen kilometerweit sichtbaren roten, grünen oder gelben Farbfleck mit einem Durchmesser bis zu 100 Metern. Die Brenndauer auf der Erde beträgt drei Minuten, dann werden sie durch weitere Abwürfe erneuert. Die Bombenschützen zielen auf das Zentrum der vorher festgelegten Farben. Es werden 197 Zielmarkierungsbomben abgeworfen. Bei diesem Angriff ist die Markierung bemerkenswert genau. Zwei Minuten vor Beginn brennen 80 rote Zielmarkierungen in einer kompakten Gruppe nahe des Zielpunktes.

Die auf das Innenstadtgebiet und teilweise auf die Außenbezirke abgeworfe-

Trümmerfeld: Der Friedrichsplatz mit dem Fridericianum und der zerstörten Kriegsschule (ganz rechts) am Morgen des 23. Oktober.

nen 352 20, 40 und 80 Zentner schweren Luftminen und 594 Sprengbomben üben auf die umliegenden Häuser eine schwere Druck- und Sogwirkung aus, sodass im Umkreis von 500 Metern kein Haus ohne Beschädigungen bleibt. Dächer werden abgedeckt, Fensterrahmen und Türen herausgerissen und leicht gebaute Zwischenwände fallen in sich zusammen. Flure, Treppen und sonstige Zugänge sind unpassierbar.

Durch den Abwurf von 386 747 Stabbrandbomben (1,7 Kilogramm), 10 743 Stabbrandbomben mit Sprengsatz und 19 366 Flüssigkeitsbrandbomben stehen innerhalb von 15 Minuten die Häuser der Innenstadt in hellen Flammen und die Fachwerkhäuser stürzen mit Getöse ein. So kommt es zu einer außerordentlich schnellen Entwicklung der Flächenbrände, die links und rechts der Fulda entstehen. Dadurch, dass fast jedes Haus von Brandbomben entzündet wird, braucht der etwa 4,7 Kilometer umfassende Brand nur wenig mehr als eine Stunde, um sich voll zu entfalten. Gegen 21.30 Uhr verlassen die letzten Bomber den Luftraum über Kassel.

Sie haben die Brände entfacht. Die mehr als tausend Jahre alte Stadt zerstört sich nun von selbst und nimmt 10 000 ihrer Einwohner – Männer, Frauen und über zweitausend Kinder – mit in den Tod. An den folgenden Tagen werden sie unter großen Schwierigkeiten auf sechs Kasseler Friedhöfen in Massengräbern, im damaligen Sprachgebrauch „Kameradschaftsgräber“ genannt, in zwei Schichten übereinander beigesetzt.

Eine Stadt in Trümmern: Blick vom Turm der Lutherkirche über die zerstörte Altstadt. Sie ging im Feuersturm des 22. Oktober 1943 unter.

Sammelpunkt: Auf dem Friedrichsplatz (Blickrichtung Frankfurter Straße) wurden Verwundete behandelt und abtransportiert.

„WAHRSCHEINLICH WÄREN WIR NICHT WIEDER AUFGEWACHT“

Augenzeugen erinnern sich an den 22. Oktober 1943 und die Erlebnisse in der Bombennacht – Teil 2

■ *Willy Vasserot (78):* „Mit 18 Jahren war ich als Melder einem Selbstschutztrupp in der Obersten Gasse zugeteilt. (...) Ich bekam den Befehl, im Renthof Meldung zu machen. Viele Häuser brannten schon. Weil ich kaum noch atmen konnte, habe ich den Filter der Gasmaske etwas gelockert, sofort tränten mir die Augen. Zum Königsplatz war kein Durchkommen mehr. Die Flammen trafen auf der Mitte der Straße zusammen. Eine junge Frau schrie fürchterlich. Sie hatte in der Aufregung ihr Baby verloren. Am Druselplatz brach ich zusammen. (...) Ich wurde plötzlich wach, als jemand sagte: ‚Den müssen wir an die Seite legen, der lebt noch.‘ Man war dabei, die Toten abzutransportieren.“

■ *Gerd Nöding (68):* „Als wir aus der Haustür (am Westring) kamen, erwartete uns ein Inferno: Brennende Häuser, herabstürzende Mauern und glühendes Gebälk. Auf der Straße lagen noch Brandbomben. Wir liefen in Richtung Schlachthofstraße, den Kinderwagen mit nassen Decken bedeckt, ich an der Hand meiner Mutter. Um ein Haar wären wir von einem herabstürzenden, brennenden Balken getroffen worden. Es ist wichtig, die Erinnerung für die Generation unserer Enkel wach zu halten, um sie vor so schlimmen Zeiten zu bewahren.“

■ *Alfred Peppermüller (69):* „Als Neunjähriger erlebte ich die Bombennacht im Luftschutzkeller des Bahnhofs Bettenhausen. Meine Eltern hatten damals die Bahnhofsgaststätte gepachtet. Während des Angriffs kamen plötzlich durch den Notausstiegsschacht Funken herein. Wir sind raus auf den Bahnhofsvorplatz. Ich erinnere mich besonders an das eigenartige Rauschen, das heulende Geräusch einer Bombe, die hinter dem Salzmannhof niederging. Das schaurigste Bild, das mir immer wieder vor Augen kommt, war der Anblick jener enormen Rauchwolke, die wie von Geisterhand innen glutrot beleuchtet war.“

■ *Hans Dickmann (72):* „In dem Kellergewölbe des Gasthauses Bärenkammer war dann Endstation. Der große Keller war voller Menschen, denn von allen Seiten kamen die Leute aus den Durchbrüchen. Wir suchten uns einen Platz zum Ausruhen. Wenn einer von uns drohte einzuschlafen, wurde er sofort von unserer Mutter geweckt. Wahrscheinlich wären wir nicht wieder aufgewacht. An den Wänden lagen haufenweise aufgestapelt die Menschen als wenn sie schliefen – sie waren tot. Wahrscheinlich reichte auch deshalb der Sauerstoff für die anderen.“

■ *Waltraud Pape (68), die ihre Kindheit und Jugendjahre in Bad Karlshafen verbracht hat:* „Gegen 20 Uhr gab es auch in Karlshafen Fliegeralarm. Von meinem Elternhaus sahen wir am südlichen Nachthimmel die hellen Scheinwerfer der Flak wie lange Leuchtstäbe. Zunehmend war Flugzeugbrummen zu hören, zuweilen schrill und lauter werdend. Der Nachthimmel wurde im südlichen Bereich immer heller und in rötliche Farben getaucht.“

■ *Jürgen Rübesam (74):* „Am nächsten Morgen sahen wir dann die armen Menschen, die aus der Stadt die Wilhelmshöher Allee entlangkamen. Viele trugen Verbände und hatten entzündete Augen, ihre Gesichter waren vom Schrecken gezeichnet. Wir hörten das erste Mal von der furchtbaren Nacht in der Stadt, wollten das aber alles nicht so recht wahrhaben. Mein Bruder ging also los. Als er gegen Mittag zurückkam, war er ganz verstört. Er erzählte uns, die ganze Stadt liege in Trümmern.“

Der Luftschutzkeller wurde zur Todesfalle

DIE MEISTEN MENSCHEN STARBEN AN ERSTICKUNG – BIS ZUM KRIEGSENDE 27 WEITERE ANGRIFFE

Von Werner Dettmar

Die Soldaten und Luftwaffenhelfer an den Geschützen der Flakbatterien haben vergeblich versucht, das Unheil von Kassel abzuwenden. Aber die Nachtjäger können noch eingreifen. Beim Abflug von Kassel in nordwestlicher Richtung werden bis in die Gegend von Gütersloh noch 38 viermotorige Bomber mit je sechs Mann Besatzung abgeschossen.

Rückblickend ist die Frage zu stellen, wie es, im Vergleich mit anderen Städten, zu der hohen Zahl von 10 000 Toten kommen konnte. Darüber kann man Folgendes aus dem am 7. Dezember 1943 gefertigten Erfahrungsbericht des Kasseler Polizeipräsidenten erfahren: „Bei über 70 Prozent der Toten wurde Tod durch Erstickung festgestellt. Diese Gefallenen haben einen sanften Tod erlitten, sie sind infolge des durch den Feuersturm eingetretenen Sauerstoffmangels, zum Teil auch durch die Einwirkung von Kohlenoxydgas im Schutzraum ermüdet oder ohnmächtig geworden und schließlich ohne Kampf in den Tod hinübergeglitten.“

Doch wie hätten sie sich verhalten sollen? Die weitaus meisten dieser Toten haben sich im Schutzraum sicher ge-

Ein Flammenmeer: Ein zerstörtes und brennendes Haus in der Kasseler Innenstadt nach dem Angriff vom 22. Oktober.

fühlt, auch dann noch, als das eigene Haus und dessen Umgebung bereits in hellen Flammen stand. Da gerade im Altstadtgebiet die meisten Keller unter Erdgleiche gelegen sind, erschien der Aufenthalt im Schutzraum auch dann noch erträglich, als ein Betreten der Straße kaum noch möglich war. Hier spielten sich erschütternde Szenen ab. Es wird von Ehemännern berichtet, die es weder mit Bitten noch durch Gewalt fertig brachten, ihre Frauen zum Verlassen des Schutzraumes zu bewegen. Sie sind dort geblieben und erstickt. Die Ermüdung durch schlechte Luft und vielleicht eingetretene Atemnot haben dazu beigetragen, dass viele Menschen nicht mehr den Entschluss zur Tat fassen konnten.

Ein anderer Teil hat versucht, den Keller zu verlassen, um sich auf Fluchtwegen in Sicherheit zu bringen. Zunächst wurde dies durch die Mauerdurchbrüche versucht. Da das Altstadtgebiet von Mauerdurchbrüchen und Stollen blockweise durchzogen war, sind geradezu Wanderungen unter den Häusern auf der Suche nach einem besseren Luftschutzraum oder besseren Ausgang angetreten worden. Dabei ist es zu Ansammlungen bis zu hunderten von Menschen gekommen, die dann dort tot aufgefunden wurden. Es ist erklärlich, dass viele Menschen, insbesondere Frauen und Kinder, bei dem im Gang befindlichen Bombardement nicht den Mut fanden, den Schutzraum zu verlassen.

Der großen Zahl von Gefallenen muss aber die viel höhere Zahl der Geretteten gegenübergestellt werden. Im eng begrenzten Altstadtgebiet wohnten zur Zeit des Angriffs etwa 25 000 Menschen. Umgekommen sind im Fachwerkkern der Stadt etwa 2500. Demnach sind nicht weniger als 22 500 Menschen aus diesem Gebiet, das sind 90 Prozent, gerettet beziehungsweise rechtzeitig herausgeführt worden. Gerade am Tage des Angriffs war ein Fluchtweg durch Schaffung von breiten Fußgängerbrücken von der Fuldabrücke aus zum Ufer der Fulda fertig gestellt worden, die tausende von Altstadtbewohnern benutzt haben und die diesen Menschen das Leben retteten.

Im Oktober 1943 weiß niemand der Überlebenden, dass der Krieg noch 18 Monate dauern wird. 27 weitere, vor allem amerikanischen Luftangriffe, werden folgen. Mehr als 4000 Bomber setzen das Zerstörungswerk fort. Durch die Auswirkungen des Luftkrieges hat Kassel, wie viele andere Großstädte, nicht nur sein durch Jahrhunderte geprägtes Erscheinungsbild, sondern auch Struktur und Identität verloren. Geblieben ist nach 60 Jahren ein völlig verändertes Stadtbild und die Gräber auf den Friedhöfen. Die Überlebenden werden die Ereignisse nie vergessen.

Suche nach Opfern: In den Ruinen nach der Bombennacht.

BOMBEN AUF KASSEL: EINE CHRONOLOGIE 1944

- Ohne vorherige Luftwarnung oder Alarm fielen am **9. November 1944** kurz nach 22 Uhr drei Bomben. Eine traf ein Haus an der Schönfelder Straße, zwei fielen ins freie Feld.
- Vorwiegend Sprengbomben fielen am **4. Dezember 1944** (11.55 bis 13.37 Uhr). Es gab Schäden an der Druseltalstraße, am Bahnhof Wilhelmshöhe, an den Kasernen, am Zuchthaus Wehlheiden, dem Unterneustädter Kirchplatz, Bettenhausen, Sandershausen, Wolfsanger, Philippinenhof und am Holländischen Platz.
- Am **15. Dezember 1944** dauerte der Angriff von 11.41 bis 12.40 Uhr. Getroffen wurden die Stadtteile Niederzwehren, Bettenhausen, Erlenfeld und Fasanenhof.
- In den frühen Morgenstunden am **28. Dezember 1944** (ab 3.23 Uhr) fielen vier Bomben auf das Gelände Mittelfeld.
- Der letzte Angriff des Jahres begann am **30. Dezember 1944** um 12.35 Uhr. Wegen eines Stromausfalls gab es keinen Sirenenalarm. Starke Schäden entstanden in allen Stadtteilen und den umliegenden Orten. Getroffen wurden unter anderem der Königsplatz, der Friedrichsplatz, die Frankfurter Straße, die Wilhelmshöher Allee, das Postamt an der Hohenzollernstraße und das Polizeipräsidium am Königstor, Schloss Wilhelmshöhe, der Hauptbahnhof sowie die Bahnhöfe Wilhelmshöhe und Bettenhausen. Die Wasser- und Gasversorgung brach zusammen, Telefon- und Fernschreibverbindungen fielen aus. Alle Hauptstraßen waren blockiert, die Straßenbahn konnte nicht fahren, und der Eisenbahnverkehr war erheblich gestört.

Alle Angaben stammen aus den Protokollen des Luftschutzwarnkommandos Kassel.

„Um einen raschen Tod gebetet"

DIE SCHRIFTSTELLERIN CHRISTINE BRÜCKNER BERICHTETE ERST SPÄT VON IHREN ERLEBNISSEN

Von Dirk Schwarze

Christine Brückner

Alle Menschen, die die Bombardierung Kassels und den nachfolgenden Feuersturm in den Kellern oder anderen Verstecken überlebt haben, sind dadurch bis an ihr Lebensende geprägt. So ist das, was viele heute 70- und 80-Jährige als Kinder und junge Menschen erlebt haben, den meisten so gegenwärtig, als wäre es gestern passiert. Dank dieser wachen und nie zu verdrängenden Erinnerungen haben uns zahlreiche Augenzeugenberichte erreicht, die unglaubliche Details aus dieser Schreckensnacht zu Tage fördern. Längst können wir nicht alles drucken, aber aus der Vielzahl der Einsendungen ergibt ein in sich stimmiges Erinnerungsbild. Die Augenzeugenberichte sind reine Erlebnisschilderungen – ohne einen literarischen Anspruch. Das gibt ihnen ihre Unmittelbarkeit und Lebendigkeit.

Wie aber geht jemand damit um, der gewohnt ist, zu schreiben und Erfahrungen der Wirklichkeit in Literatur umzusetzen? Die Schriftstellerin Christine Brückner (1921–1996) wohnte im Jahre 1943 in Kassel und sollte, nachdem sie schon einmal zum Kriegsdienst eingezogen worden war, ihr Abitur nachmachen.

Viele ihrer Romane und Erzählungen spiegelten Kriegserlebnisse, doch vor einer genaueren Beschreibung der Bombennacht hatte sie sich lange gescheut. Erst 1993 stellte sie sich der schrecklichen Erfahrung – unter dem Titel „Warum nicht ich?" (in „Ständiger Wohnsitz", Ullstein Taschenbuch). Aber beim Lesen des Textes wird schnell deutlich, dass sie zu viele drastische Bilder nicht hochsteigen ließ. Ihr war es zuerst wichtig, die Erlebnisse in eine Form zu bringen, zum Teil einer literarischen Biografie werden zu lassen.

Das Entsetzen ins Gesicht geschrieben: Eine unbekannte junge Frau am Holländischen Platz.

Christine Brückner ließ sich nicht so intensiv wie die Augenzeugen, die uns schrieben, auf die Einzelheiten ein. Sie schuf kein großes Gemälde, sondern begnügte sich mit einer kurzen Skizze:

„Das Haus der Eltern, das nur wenige Jahre gestanden hat, wurde von mehreren Phosphorbomben getroffen, brannte aus, wurde total zerstört, total, eine Steigerung des Unheils. Unter nassen Fliegerdecken liefen wir durch die Flammen ins Freie, das Haus hatte einen Garten – das war die Rettung. Die letzte Phosphorbombe explodierte im Zimmer meiner Mutter, als ich noch ein Bild von der Wand holen wollte, ich habe das Bild gerettet, ich habe mich gerettet. Ich wollte nicht mit dem Leben davonkommen. Ich wollte dieses Inferno nicht überleben. Ich habe um einen raschen Tod gebetet. Aber: Ich blieb am Leben."

Die Schriftstellerin fand mit geübter Feder gleich ins Allgemeine. Wichtiger als manche Details erschien ihr die Frage: Warum überlebte gerade ich? Mit vielen anderen war Christine Brückner am nächsten Tag Überlebende und Heimatlose zugleich. Ist eine solche Situation im Bild zu fassen? Sie fand das Bild, das ihr Orientierung gab. Es ist das hier reproduzierte Foto von einem Mädchen, das auf einem Koffer in der zerstörten Stadt sitzt. Werner Dettmar hatte das Foto als Umschlagbild für sein Buch „Die Zerstörung Kassels" ausgewählt.

Aber auch das war Christine Brückner im Gedächtnis geblieben – wie sich das Schreckliche mit dem Schönen verband: „Was für ein Blick: die mehrstöckigen Häuser und Villen am Weinberg, an der Terrasse, standen in lodernden Flammen vorm schwarzen Himmel. Nero – ich begriff Neros Begeisterung für das brennende Rom. Das Schöne ist nichts als des Schrecklichen Anfang."

Eine Bibliothek in Flammen

ÜBER 350 000 BÄNDE VERBRANNTEN SCHON 1941 IM MUSEUM FRIDERICIANUM

Von Dirk Schwarze

Offenbar hatte man sich bis zum 8. September 1941 keine Vorstellungen gemacht, was der Luftkrieg für die Stadt bedeuten könnte. Insofern trafen die Bomben, die in der Nacht zum 9. September 1941 auf die Innenstadt fielen, die Verantwortlichen unvorbereitet. Die 400 000 Bücher, die zu dem Zeitpunkt in der Landesbibliothek im Museum Fridericianum standen, boten dem schnell ausbrechenden Feuer reichlich Nahrung.

Die Flammen schlugen aus dem Gebäude und vernichteten sieben Achtel der Bestände. Und das, was nicht verbrannt war, war durch Ruß und noch mehr durch das Löschwasser der Feuerwehr beschädigt. Im Landesmuseum, so wird berichtet, wurde ein regelrechtes Bücherlazarett eingerichtet, in dem die nassen Bücher zum Trocknen auf Bretterrosten ausgelegt wurden.

Fast tragisch klingt die Geschichte von der Zerstörung der kostbaren, in Leder gebundenen Bücher und Handschriften. Sie waren in Panzerschränken untergebracht. Darin waren sie zwar vor dem Zugriff der Flammen geschützt, doch durch die sich entwickelnde Hitze, die sich auf die Schränke übertrug, verformten sich und verschmorten viele Bände. Die meisten Handschriften konnten aber zumindest teilweise gerettet werden. Der größere Teil der Handschriften befand sich zum Glück im Zwehrenturm, der von den Bomben und dem Feuer verschont blieb.

Nach dem Brand wurden die wertvollsten Bücher und Handschriften erst in Tresore gebracht und dann auf verschiedene Standorte in Bad Wildungen, Merkers und Wanfried verteilt. Bei Kriegsende jedoch wurden zwei der

Das Fridericianum brennt: Die in dem 1779 erbauten Museum untergebrachte Landesbibliothek wurde im September 1941 zum größten Teil vernichtet.

Ausweichquartiere geplündert. Fortan war das Museum Fridericianum eine Ruine. Um ein Haar wäre der Bau zwei Jahre später gesprengt worden, doch das in seinen Fassaden erhaltene Gebäude konnte gerettet werden und diente, provisorisch in Stand gesetzt, ab 1955 der documenta. Erst Ende der 70er-Jahre begann der endgültige Wiederaufbau, sodass die Ausstellung zum 200-jährigen Bestehen des Fridericianums in der Orangerie gezeigt werden musste.

Die Vernichtung der Bücher war ein Alarmsignal. In der Folgezeit wurden in allen Museen noch bessere Vorkehrungen getroffen, um die Sammlungen vor der Zerstörung zu retten (siehe Bericht auf Seite 48).

Bei dem verheerenden Angriff vom 22. Oktober 1943 wurde die Gemäldegalerie zerstört. Dabei verbrannten nicht nur die rund 800 Bilderrahmen, sondern auch einige Stücke aus der Antiken- und Schatzkunst-Abteilung, die man dort, wie man geglaubt hatte, in Sicherheit gebracht hatte. Die Galerie wurde notdürftig geflickt, und erneut wurden dort Bilder eingelagert. Es gibt aber keine zuverlässigen Quellen darüber, welche Bilder bei nachfolgenden Angriffen zerstört und welche schlicht entwendet wurden.

Das vor den Toren liegende Schloss Wilhelmshöhe war von den Angriffen weitgehend verschont geblieben. Doch am 29. Januar 1945 wurde auch diese Schlossanlage, vor allem der Mittelbau, vernichtet.

Zerstörtes Treppenhaus: So sah es im Fridericianum nach dem Bombentreffer aus.

BOMBEN AUF KASSEL: EINE CHRONOLOGIE 1945

- Erstmals wurden am **1. Januar 1945** Bomben mit Zeitzünder abgeworfen (11.57 bis 14.08 Uhr). Bis zu 800 Flugzeuge griffen Kassel an. Etwa zwei Stunden nach dem Angriff explodierten die ersten Bomben. Das setzte sich bis in die Nächte vom 2. und 3. Januar fort.
- Besonders betroffen wurden die Verkehrsknotenpunkte wie der Hauptbahnhof, die Bahnhöfe Wilhelmshöhe und Bettenhausen, der Verschiebebahnhof, die Friedenskirche sowie Quartiere im Druseltal, an der Rasenallee, der Eisenschmiede, am Fasanenhof und in Bettenhausen.
- Am **21. Januar 1945** (20.15 bis 20.54 Uhr) wurden Leucht- und Sprengbomben (teilweise mit Zeitzünder) abgeworfen. Es gab Treffer vom Vorderen Westen bis Niederzwehren sowie einige Einschläge in Bettenhausen und im Bereich Mittelfeld.
- Schwere Schäden brachte der Angriff vom **29. Januar 1945** (ab 1.12 Uhr). Dabei brannte das Schloss Wilhelmshöhe ab. Treffer gab es in Bettenhausen, Rothenditmold, Mittelfeld, Wilhelmshöhe und am Hauptbahnhof.
- In der Nacht vom **7. zum 8. Februar 1945** fielen 14 Sprengbomben und Luftminen (23.56 bis 0.41 Uhr). Einschläge gab es unter anderem am Bahnhof Wilhelmshöhe, am Generalkommando und dem Polizeipräsidium.
- 300 Bomber flogen am **28. Februar 1945** (13.46 bis 15.39 Uhr) in 20 Wellen Angriffe. 1200 Minen und Sprengbomben sowie 100 000 Stabbrandbomben wurden abgeworfen. Verschont wurde nur der Norden. Es kam zu großen Bränden bis weit in den nächsten Tag. 35 Menschen kamen ums Leben.
- Am **2. März 1945** (19.58 bis 20.12 Uhr) flogen 80 Maschinen auf Kassel. Von den 160 Sprengbomben hatten viele einen Langzeitzünder. Treffer gab es insbesondere in Wilhelmshöhe und in der Innenstadt.
- Alle westlichen Stadtteile wurden bei dem Angriff vom **8. März 1945** (21.25 bis 22.17 Uhr) schwer getroffen. Es gab mehrere Großbrände, die den Nachthimmel zum Glühen brachten
- Die Munitionsfabrik in Ihringshausen wurde am **9. März 1945** getroffen. Bei dem Angriff (9.08 bis 11.10 Uhr) schlugen die Bomben in den nördlichen Stadtteilen ein.
- Eine Luftmine traf am Abend des **16. März 1945** den Friedhof von Harleshausen.
- Wohnhäuser in Bettenhausen wurden am **19. März 1945** getroffen (4.04 bis 5.09 Uhr).
- Zwischen 2.36 und 4.52 Uhr am **21. März 1945** trafen Spreng- und Brandbomben Bettenhausen, die Stadtmitte und Fasanenhof.
- Das waren die letzten Bomben, die über Kassel abgeworfen wurden. Am **1. April 1945**, dem Ostersonntag, heulten morgens um 3.20 Uhr die Sirenen fünf Minuten lang. Von Westen rückten amerikanische Truppen nach Kassel ein.

Alle Angaben stammen aus den Protokollen des Luftschutzwarnkommandos Kassel.